AF497356

LETTRE

DE

M. G..... ARCHIPRÊTRE,

A

M. PERONCEL,

Curé pendant l'espace de 57 ans de la paroisse de Primarette, pour l'engager à rétracter son serment constitu-
tionnel ;

SUIVIE

DE DEUX RÉPONSES AUDIT ARCHIPRÊTRE.

TOUS DEUX DANS LE DÉPARTEMENT DE L'ISÈRE.

Les Papes s'aigrissent lorsque l'Eglise ne plie
sous eux.

*Pensées de St. François-de-Sales sur
les mœurs*, page 93.

A PARIS,

CHEZ TOUS LES MARCHANDS DE NOUVEAUTÉS.

1826.

AVIS DE L'ÉDITEUR.

L'ÉDITEUR de cet écrit est dispensé d'en faire l'éloge ; les motifs que donne l'auteur pour appuyer sa résolution sont si justes, que chacun sentira en le lisant la force de ses raisons, et rendra justice à ses vertus (1).

En effet, M. de Peroncel, curé de la commune de Primarette, s'est conduit avec tant de sagesse et d'intégrité dans l'exercice de son auguste ministère, qu'il a emporté au tombeau les regrets de ses paroissiens et de toutes les personnes qui avoient eu l'avantage d'être admises à son intimité. Tous ont rendu justice à sa loyauté, et admiré le calme de son esprit dans les censures dont il a été l'objet quelque temps avant le terme de son existence, de la part du nouveau clergé ultramontain, pour n'avoir pas voulu transiger avec sa conscience, et souscrire au parjure en rétractant le serment qu'il avoit prêté aux lois du gouvernement, serment qui ne portoit point atteinte ni aux rites et dogmes de l'Eglise catholique, apostolique et romaine, encore moins aux droits et libertés de l'Eglise gallicane.

Ce digne ecclésiastique, après avoir exercé les fonctions de pasteur de Primarette pendant 57 ans, a terminé sa carrière dans sa paroisse, au milieu de ses ouailles ; et après son décès, M. G*****, archiprêtre, auteur de la lettre ci-jointe, du 31 mai 1820, annonça comme un fait certain, que

---

(1) Cet écrit a un tel degré d'intérêt pour les ecclésiastiques en général, qu'il ne peut manquer de fixer l'attention et, de ceux qui datent de la restauration, et de ceux qui remontent à une époque antérieure.

M. Peroncel, à la réception de cette lettre, s'empressa de rétracter son serment.

Editeur de cette correspondance dont les originaux sont à ma disposition, je me fais un plaisir de mettre au jour la vérité, et un devoir de faire connoître à tous, mais principalement aux pasteurs qui, pendant les temps orageux de la révolution, se sont soumis aux lois du gouvernement, et ont prêté le serment que l'on exigeoit d'eux pour ne pas abandonner le troupeau qui leur étoit confié ; de faire connoître, dis-je, la conduite de ce digne ecclésiastique, afin que chacun lui paye le tribut d'éloges qu'il mérite par sa fermeté. Je rends encore hommage à la vérité, et je le dois, en disant ici de lui qu'il fut aussi instruit que modeste. Il dut à son mérite d'être nommé membre du concile de Paris, pour soutenir les droits des curés, et plus tard, évêque (1) du département de la Drôme par le presbytère diocésain de Valence.

Ainsi, ce simple exposé suffit sans doute à tout lecteur de bonne foi pour lui faire apprécier les vertus et les grandes qualités de ce pasteur, qui l'ont fait aimer pendant sa vie et regretter après sa mort (2), et le prémunir contre les insinuations de l'ultramontanisme qui fait jouer tant de ressorts pour surprendre sa crédulité.

L. B. GIROUD,

Ancien notaire à Poucieux, même canton,
ami de M. Peroncel.

---

(1) Son sacre fut éludé par le concordat de 1802.

(2) Il est décédé dans sa paroisse, à Primarette, canton de Beaurepaire, arrondissement de Vienne, le 15 mars 1821, âgé de 83 ans. Tous les paroissiens ont contribué à élever un monument à sa mémoire, et M. le maréchal duc d'A....... a fait le don de 200 fr. pour ce même monument qui doit rappeler son nom aux générations futures.

Au Louvre, 31 mai 1820.

Monsieur et très-vénérable Confrère,

Vous m'avez reçu avec tant d'affabilité que je ne puis m'empêcher de vous exprimer tous les sentimens de respect que vous m'avez inspirés, ainsi que tout l'intérêt que je prends à tout ce qui vous concerne. Vous pressentez mes souhaits les plus ardens, et l'affaire vous concernant qui me tient le plus à cœur. Vous avez tenu un rang distingué parmi les prêtres attachés à la constitution civile du clergé, vous le méritiez par vos vertus et vos lumières. Cette erreur fut très-excusable au milieu des nuages qui dans les troubles de la révolution et la fureur de l'impiété, enveloppoient la foi catholique.

Maintenant la grande majorité des pasteurs du premier et du second ordre est si prononcée contre le schisme qui nous a divisés, l'enseignement des séminaires est si unanime, l'authenticité du jugement prononcé le 13 avril 1791 par le Saint-Siége, est si authentique, qu'il faut se rendre.

Nous prêchons aux autres qu'il faut être soumis aux pasteurs légitimes ; soyons-le donc les premiers. Ce n'est pas là une question d'école. Vous savez que nous y attachons irrévocablement le salut ou la damnation éternelle des âmes, et que nul, à nos yeux, ne meurt dans l'unité de l'Eglise s'il n'est soumis à la sentence portée par la Cour de Rome. Je n'entrerai dans aucuns détails ni preuves, cela seroit superflu auprès d'un confrère aussi instruit ; seulement je puis vous assurer que vous vous couvririez de gloire en vous réunissant à nos sentimens ; que ce jour seroit un jour de fête pour tout le diocèse, et que tous ceux qui ont l'honneur de vous connoître vous souhaitent ce précieux bonheur. C'est le bonheur du Ciel, auquel on ne peut arriver que par cette porte. Tout incertain que soit à chacun le terme de sa vie, vous en approchez à l'âge où vous vous trouvez: une question aussi intéressante mérite le plus sérieux examen. Et comme vous m'avez rappelé souvent l'accueil amical que j'avois fait à mes confrères qui avoient suivi d'autres drapeaux que moi durant le schisme, je crains ici que vous ne m'ayez cru dégénéré de la rigueur des principes, ou regardant comme indifférens les résultats du pour ou du contre. Non jamais ma bouche n'a varié dans l'hommage qui est dû à la foi, et les principes que j'ai professés aux prisons de Grenoble et au fort du Hà, ont toujours été sur mes lèvres comme dans mon cœur. La charité qui doit se faire tout à tous m'a pu engager à des rapprochemens tendant à rallier tous les esprits ; mais aucun confrère n'a entendu de moi variation sur cet article, et ne m'a fait entendre que le langage de la soumission à l'Eglise, autrement il eût été ignominieusement repoussé. D'après cet exposé, vous voyez quels soupirs je pousse vers le Ciel pour que vous daigniez renoncer à l'Eglise constitutionnelle qui n'est plus, pour vous attacher au Saint-Siége, contre lequel les portes de l'enfer ne sauraient prévaloir.

Finalement vous nous croyez, nous, autrefois appelés insermentés, dans la voie du salut comme vous ; nous, au contraire, nous vous croyons infailliblement dans la voie de la perdition si vous ne rétractez votre adhésion à la constitution civile, par une lettre à Monseigneur, comme fit si bien mon cher principal du collége par mes avis (1). Que doit faire un homme prudent ? Prendre le parti le plus sûr, suivre le sentier où il n'y a rien à craindre. Je vous prie de ne faire point

---

(1) A l'occasion de M. Magnard, j'ai dit à M. G***** que c'étoit *gratis* qu'il se flattoit de la conversion de M. Magnard qui a toujours nié le fait, même à l'article de la mort.

(*Note de M. Peroncel.*)

de réponse à cette petite communication sentimen-
tale, et de jeter au feu ce barbouillage ; mais excusez
l'intérêt que je prends au salut de votre âme ; et par
la démarche à laquelle je vous invite, accodez-moi, en
cas de survivance, la consolation d'offrir le St-Sacri-
fice pour son repos éternel à celui qui sera toujours
honoré d'être avec une très-respectueuse considération,

Monsieur et très-vénérable Confrère,

Votre très-humble et très-obéissant serviteur

G*****, Curé de R******

PRIMARETTE, ce 1er juin 1820.

MONSIEUR ET TRÈS-VÉNÉRABLE CONFRÈRE,

VOTRE lettre datée du Louvier, du 31 mai, m'a fait
un vrai plaisir, et m'a confirmé la bonne réputation
dont vous jouissez d'être le prêtre le plus honnête et
le plus accueillant.

Vous voudrez bien que je passe légèrement sur
toutes les choses honnêtes que vous m'adressez, la
réflexion qui suit mon âge me met dans le cas de juger
ce que je dois m'en appliquer. Ainsi, sans en parler
davantage, agréez mes remercîmens.

Vous paroissez m'inculper, mais sans ton et sans
aigreur, du peu de respect pour les autorités supérieures
et ecclésiastiques ; ce soupçon me seroit plus sensible
si je ne connoissois la prévention qui nous poursuit,
et à laquelle je ne donne pas d'épithète.

J'ai toujours eu le plus profond respect pour le
Saint-Siége ; je l'ai toujours reconnu pour le centre de
l'unité catholique, ainsi que l'ont reconnu nos anciens
évêques français, même au plus fort des différens sur-

venus entre eux et la Cour de Rome. C'est un devoir que je n'ai jamais cessé de remplir, et auquel je tiens comme à toute autre vérité catholique. Je sais que les droits du Saint-Siége, comme l'obéissance qui lui est due, sont réglés par les canons : *Falso non gaudet honore.* Je laisse aux nouveaux docteurs à faire de la personne du Pape une quatrième personne divine, quoique par leur réticence les arrière - pensées et les restrictions qu'ils lui attribuent, ils n'en font qu'un pauvre chrétien.

Permettez que je vous cite ici une sentence d'un saint évêque des derniers siècles, le plus doux des hommes :

« Les Papes s'aigrissent, dit St. François-de-Sales, lorsque l'Eglise ne plie pas sous eux, quoique par le vrai ordre de Dieu elle soit au-dessus d'eux lorsque le concile est canoniquement assemblé. Je sais cela comme les docteurs qui en traitent ; mais la discrétion m'empêche d'en parler, parce que je ne vois pas du fruit à en espérer. » (*Pensées de St. François-de-Sales sur les mœurs*, page 93.)

J'ai toujours respecté l'épiscopat en général, reconnaissant les évêques comme les vrais successeurs des apôtres de Jésus-Christ, non de Pierre qui n'en a jamais eu ; et en particulier j'ai respecté et je respecte mon évêque à qui, dans l'ordination, j'ai promis l'obéissance sous la désignation de successeur à celui entre les mains duquel j'ai fait cette promesse.

Vous voudriez me faire regarder comme règle de foi le bref du 13 avril : autre chose est le respect dû au jugement de l'homme élevé à la plus haute dignité, autre chose est la soumission absolue et inviolable due à la foi qui est une vertu divine. Vous savez que les faits non révélés souffrent quelque examen. Le bref du 13 avril, appelé miraculeux parce qu'il a été acheté à Paris le 14 avril, le lendemain de sa prétendue émission à Rome. Le Pape du temps du 9 mars, époque d'un premier bref dont on ne parle guère par bonne raison, et le 13 avril a été jugé insuffisant pour porter un jugement régulier et le faire parvenir de Rome à Paris. Vous me direz que ce bref a été reconnu et confirmé par la suite, et que c'est l'impiété qui a fait ce calcul injurieux au bref. Quel que soit l'auteur, et quels que soient les motifs de ce calcul, si le fait est vrai, il n'affoiblit pas moins l'autorité du bref, et n'en prouve pas moins une témérité de donner pour règle de foi ce qui n'est pas revêtu de tout ce qui doit l'accompagner pour le rendre obligatoire. D'ailleurs le dogme ne peut tomber que sur des matières absolument étrangères à tout intérêt temporel.

Il en est de la foi comme des indulgences; plus on les multiplie, plus on les affoiblit. Les hommes ont eu besoin d'une lumière qui dissipât leur doute et fixât leur croyance sur tout ce qui appartient à la Divinité; Jésus-Christ est venu sur la terre leur apporter cette lumière. Ne croit-on pas de l'offenser en mettant cette infaillibilité en d'autres mains que celles où il l'a placée lui-même ?

Quant à la doctrine des séminaires à laquelle vous me proposez d'adhérer, vous m'annoncez par-là une nouvelle doctrine. Vous n'ignorez pas que la vraie église de Jésus-Christ a toujours détesté les nouveautés. La vérité se trouve dans l'antiquité, disoit Tertullien; et M. Fleury nous dit qu'on s'est toujours fait une règle dans l'Église de recourir à l'antiquité, soit pour la doctrine, soit pour la discipline; et quand on manquoit à celle-ci, c'étoit par ignorance, parce qu'on croyoit encore suivre l'ancienne.

Respectons mieux l'ancienne doctrine prêchée par tous les Saints et premiers Pères de l'Eglise, et qui a formé tant de saints évêques. Peut-on s'égarer en suivant la même voie qu'ils ont tracée ? La doctrine chrétienne a été donnée par Jésus-Christ à son Eglise pour régler les prétentions humaines, et non pour être réglée par celles-ci. J'ai fait le même raisonnement sur la constitution civile de 1791, intimée par la nation française au clergé, non comme des lois nouvelles qui fussent son ouvrage; les lumières et le christianisme

connus des deux principaux auteurs de cette constitution, MM. Durand de Maillanne et Camus, en sont
un garant irrécusable ; il ne manque pas de bonnes et
anciennes théologies, Tournely et les Conférences de
Paris. Si ces théologies eussent été suivies, on n'au-
rait pas vu pleuvoir tant de censures, schismes et ex-
communications qui font plus de mal à ceux qui les
ont lancées, qui les prônent, qu'à ceux qui en sont
l'objet.

En intimant la constitution civile, la nation française n'a fait qu'user du droit qu'a la puissance temporelle de veiller à l'exécution et au maintien des
anciens canons de l'Eglise : droit bien reconnu et
dont, dans tous les siècles, nos rois français ont usé
avec d'autant plus d'exactitude qu'ils étoient plus
religieux.

Il seroit trop long d'énumérer ici les faits que l'his-
toire nous rapporte en preuve. Ainsi l'incompétence
dont on inculpe la constitution, n'est qu'un prétexte
controuvé. Tout catholique instruit dans la religion
sait et croit que Jésus-Christ a mis dans son Eglise
son esprit pour enseigner toute vérité ; qu'il lui a
donné aussi le pouvoir de faire des lois pour son ré-
gime extérieur ; mais il croit aussi que quand Jésus-
Christ a voulu que les ministres de son Eglise, soit
pour gouverner, soit pour administrer, fussent des
hommes foibles et mortels, *viatores*, et non des
anges, il a été de la sagesse de ce divin législateur de
donner à son Eglise un gouvernement qui fixât les
droits et les devoirs de tous ses différens ministres.
C'est ce gouvernement qui constitue en quelque sorte
l'Eglise : la durée de l'un doit être la durée de l'autre.

Nous ne devons pas douter que ce gouvernement
établi par Jésus-Christ, n'ait été celui que ses apôtres
ont pratiqué dans tous les lieux où ils ont porté l'évangile, et que les successeurs immédiats ont rédigé par
écrit pour être transmis à l'Eglise.

Si comme tous les monumens les plus authentiques
nous l'attestent, et si comme nos anciens évêques nous

l'ont toujours fait enseigner, ce gouvernement des apôtres est venu jusqu'à nous, quelle est l'autorité qui peut le condamner ?

La maxime dont l'Eglise se sert depuis le quatrième siècle nous commande de croire ce qui a été cru dans tous les temps et par tous les fidèles. Par cette maxime qu'est-ce qui peut condamner cette ancienne discipline, toujours reconnue pour la vraie discipline de l'Eglise.

Pardon, Monsieur, si j'abuse de votre patience, j'ai encore quelques réflexions à vous présenter. Vous savez que dans le christianisme les faits sont l'instruction la plus aisée et la plus solide. Quand saint Irénée différoit d'opinion avec le pape Victor, et qu'il lui reprocha la témérité de son excommunication, étoit-il schismatique ? Non plus que saint Cyprien et saint Firmilien dont l'opinion étoit opposée à celle du pape saint Etienne, à qui saint Firmilien fit des reproches durs : «Que de maux vous avez apportés dans l'Eglise ! ô Etienne ! ne vous y trompez pas ; en voulant séparer les autres de vous, c'est vous-même qui vous êtes séparé. » Après d'aussi saints exemples et si analogues à la cause actuelle, on peut sans s'inquiéter laisser criailler au schisme ceux qui n'y entendent rien ou qui y trouvent leur satisfaction, ce qui n'est pas fait pour vous. Il est étonnant qu'on n'ait pas mis en musique ce beau refrain si bien trouvé et mis dans toutes les bouches : le Pape ne vous connoît pas ; eh bien ! tant pis pour lui, il fait voir qu'il est homme. Pour moi je ne me suis jamais séparé d'aucune Eglise, et par ma profession de foi je tiens à l'Eglise universelle, et par conséquent à la communion du Pape. Hélas ! Monsieur, toujours appuyé sur ces vérités claires et palpables consignées dans les autorités les plus saintes et les plus respectées, et qui sont pour moi au-dessus de toute autorité vivante, excepté celle de l'Eglise universelle, j'ai vieilli dans le mépris et l'opprobre de ce parti, soit laïque, soit prêtre ; je m'y suis si fort accoutumé, que je me suis rendu insensible à toutes leurs mines ;

mais j'ai la consolation de dire : *Mundus sum à sanguine omnium*. . . . . . .

Ma plus grande affliction est le délabrement de l'Eglise ; malheureux ceux qui l'y ont réduite ! Comment cette épouse de Jésus-Christ recouvrera-t-elle ses vrais titres ? comment se rétablira-t-elle sur ses divines et antiques bases ? comment ce gouvernement établi par Jésus-Christ et ses apôtres, qui a régi l'Eglise pendant tant de siècles, et maintenant proscrit par pétulance et irréflexion ! Ce gouvernement est un, et tous les efforts n'ont jamais pu lui en opposer un contraire dont l'existence fût aussi authentique que celle du premier connu ; comment ce gouvernement se rétablira-t-il ? Que de difficultés ! que de pénibles victoires à remporter sur l'amour-propre ! cependant il en faut venir là ; Jésus-Christ a dit que les portes de l'enfer ne prévaudront pas contre elle. Il faut en venir là, quoi qu'il en coûte ; ce n'est que là où il peut être reconnu et forcer nos hommages. Tenteroit-on de l'imiter ? mais toute imitation dans ce point seroit sacrilége. Ce seroit substituer l'homme à Jésus-Christ ; ce seroit renforcer l'incrédulité. Quoique dans les derniers siècles les fidèles aient paru avoir oublié l'ancienne discipline de l'Eglise, croit-on qu'il en sera de même dans un nouvel établissement ? les contestations élevées et soutenues se présenteroient toujours à la honte de cet établissement humain de la vraie Eglise de Jésus-Christ. Il ne nous reste plus que les sacremens, heureusement qu'on n'est pas allé jusqu'à en attribuer l'institution au Pape.

Quoiqu'on ait porté de rudes atteintes à la foi due aux sacremens, n'est-ce pas la foi qui nous fait regarder les sacremens comme l'ouvrage de Jésus-Christ et non des hommes ? N'est-ce pas la foi qui nous fait croire que la grâce ne dépend pas de la sainteté du ministre, mais du sacrement lui-même ? N'est-ce pas la foi qui nous fait croire que c'est Jésus-Christ qui consacre comme c'est lui qui baptise ? Comment donc a-t-on pu dépouiller un prêtre d'un caractère ineffaçable dont Jésus-Christ l'avoit revêtu par le ministère de l'Eglise ? Mais l'Eglise peut destituer un prêtre ? Oui ; mais l'Eglise a des lois, et ce n'est que par l'application de ces lois qu'un prêtre peut être destitué et rendu à l'état de laïcité. On devroit même regarder ces lois comme divines par leur intime connexité avec les sacremens et le gouvernement de l'Eglise. A quoi attribuer les motifs qui les ont abolies ?

Quoique pour vous épargner la peine de déchiffrer ma mauvaise écriture, j'ai emprunté une plume étrangère, je réclame votre indulgence sur la longueur de cette épître qui, en tout, n'est qu'une narration, parce que je crois, je vous l'ai déjà dit et je le répète, que ce qui a été pratiqué dans les plus beaux siècles de l'Eglise, et enseigné par les plus saints docteurs, contient plus certainement la vérité que toutes arguties plus propres à séduire qu'à éclairer ; et c'est sur ce principe que je me suis déterminé, et auquel la religion me commande de tenir pour éviter la damnation éternelle que votre charité veut bien mettre devant mes yeux. A Dieu ne plaise que par-là je puisse blesser en aucune façon l'honnêteté qui vous est si naturelle, mais si rare chez les autres prêtres peu touchés du principe de saint Augustin, qu'on ne va à la vérité que par la charité.

PRIMARETTE, ce 1er octobre 1820.

Monsieur et très-vénérable Confrère,

Dans la réponse que j'ai déjà faite à votre lettre du 31 mai, pour éviter des longueurs et ménager votre patience, je crus devoir omettre et renvoyer à un autre moment quelques réflexions appartenant aux avis importans contenus dans votre lettre.

Vous m'avez fait le plaisir de provoquer ma justification, il est de votre justice de m'écouter jusqu'au bout.

Je crois vous avoir prouvé l'injustice de cette accusation de schisme par des preuves de droit d'autant plus fortes, qu'elles sont établies sur la conduite et les écrits des premiers Pères de l'Eglise. Saint Irénée, venu d'Asie dans l'Eglise des Gaules au deuxième siècle, nous apporta sans doute la doctrine qu'il avoit apprise de saint Polycarpe son maître, qui la tenoit aussi de son maître saint Jean l'évangéliste, disciple chéri de Jésus-Christ. Quand saint Irénée reprochoit au pape Victor la témérité de l'excommunication qu'il avoit lancée contre les *quarto decimens*, il nous montre clairement que la soumission aveugle aux décisions, aux jugemens du Pape, n'étoit pas une vérité de salut qu'il eût apprise de ses maîtres, et qu'il fût venu nous enseigner. Je ne sais pas et je n'ai pas vu que les ultramontains eussent mis leur esprit à la torture pour éluder ou affoiblir cette opposition; mais dans le même siècle, saint Firmilien, évêque de Cappadoce, et saint Cyprien avec son Eglise d'Afrique, s'opposèrent avec vigueur au sentiment du pape saint Etienne au sujet de la rebaptisation. Pour échapper à la conséquence nécessaire de ces oppositions qui renverse le système d'infaillibilité papale, les Romains ont imaginé deux personnes dans celle du Pape : l'une qui dit toujours vrai et exige la soumission, et l'autre qui manque quelquefois à la vérité. Mais saint Augustin, docteur de la même Eglise d'Afrique, venu au siècle suivant, détruit toutes les échappatoires des Romains, et justifie pleinement l'opposition de saint Cyprien, quoique dans le fond de la question il reconnoisse que saint Cyprien étoit dans l'erreur, et que le Pape l'eût menacé d'excommunication; mais il ne condamne point son opposition au Pape, puisqu'il convient que la question n'étant point décidée par un concile plénier, il auroit lui même tenu comme saint Cyprien, tant il étoit éloigné de croire que le jugement du Pape fût une loi à laquelle tout le monde fût obligé de se soumettre, quoiqu'il sût que la plus grande partie des évêques eût approuvé le jugement du Pape : *Innumerabiles collegas qui ejusdem sententiæ participes erant.........*

Saint Augustin ne vouloit donc de soumission absolue qu'au concile plénier. C'est que dans le temps où le christianisme étoit dans sa plus grande pureté, le Pape n'étoit pas l'Eglise.

Selon le savant évêque de Tournai, la règle pour connoître la vérité est de recourir au siècle le plus rapproché de la source. Quels écrits et quelles autorités plus rapprochés de la source que les Pères ci-dessus cités, qu'on peut regarder comme les successeurs immédiats des apôtres, et instruits par eux ? Si des témoignages aussi anciens et aussi saints ne font pas loi dans le droit ecclésiastique, que sont-ils donc ? et s'ils ne méritent pas nos respects et notre créance, à qui faudra-t-il croire ?

Vous devez juger qu'en droit nous ne pouvons pas être schismatiques. Je vais vous prouver maintenant que par le fait nous ne l'avons jamais été.

Je ne me suis jamais séparé ni de la foi ni des règlemens ou usages établis dans l'Eglise catholique ; j'en appelle en témoignage toute ma paroisse que je sers depuis le 3 mai 1764. Interrogez les pères, grands-pères et enfans ; ils vous diront qu'ils ont tous eu la même doctrine, qu'ils ont toujours vu dans leur église les mêmes exercices de religion, processions, sanctifications du dimanche, catéchismes.

En 91, obéissant à l'évangile et à César, je prêtai le serment en leur présence ; je leur fis comprendre que ce serment ne changeoit point nos devoirs envers Dieu et nos frères, que la religion n'étoit point offensée, que la foi du chrétien et ses devoirs étoient toujours les mêmes, qu'on ne faisoit des changemens que pour rétablir le gouvernement conforme à ce que les apôtres avoient enseigné. En 93, pour ne pas mener avec moi à l'échafaud mes paroissiens, je me séparai d'eux ; mais aussitôt les églises rendues aux fidelles, je me rejoignis à eux en usant du pouvoir que l'Eglise m'avoit accordé, et dont je n'avois pu être dépouillé. Mes ouailles parurent me revoir avec satisfaction, à l'exception de deux ou trois capucinières, et je continuai les mêmes exercices et doctrine qu'ils avoient vus et entendus dans la paix et dans le calme.

Nous ne devons cette accusation de schisme qu'aux insermentés de France, qui, dans le vrai, ne font qu'une très-petite portion de l'Eglise universelle, et qui par conséquent seroient les vrais schismatiques, puisqu'ils se sont séparés de nous qui sommes en communion avec toutes les autres parties de l'Eglise, témoignages qui nous ont été adressés au concile de Paris, 1797. Je sens bien que ce mot de concile vous fait rechigner; mais nommez-le comme il vous plaira, ce n'est pas moins une assemblée de trente-trois évêques et soixante-six prêtres réunis au nom de Dieu, tous occupés à servir ou leurs propres troupeaux ou d'autres troupeaux abandonnés qui recherchoient avec ardeur les secours de la religion, à laquelle ils paroissoient tenir plus fortement que les mercenaires qui les avoient laissés. C'est sous ce nom de concile que cette assemblée étoit protégée par l'autorité suprême qui gouvernoit alors la France, et par les autorités inférieures; c'est en cette qualité que célébrant tous les dimanches dans la cathédrale de Paris, l'église, quoique très-vaste, étoit ordinairement remplie non de petites maîtresses, mais de fidelles de tout sexe, qui par leur exactitude et leur piété nous édifioient. Que de schismatiques !

Quoiqu'un maître en Israël, coryphée de la faction, défiât dans ces environs les assermentés de nommer une Eglise avec laquelle ils fussent en communion, nous pouvons citer toutes ou presque toutes les Eglises, non pas tous les évêques individuellement, ce qui n'est pas nécessaire pour prouver la catholicité, mais les Eglises. Des évêques d'Allemagne écrivirent au concile aussitôt qu'il fut assemblé. Deux frères, curés dans l'Allemagne, avoient établi une imprimerie chez eux pour imprimer les actes du concile qui leur étoient communiqués chaque semaine par l'évêque de Colmar en relation avec eux.

On doit bien croire que ces actes n'étoient imprimés que pour être répandus dans toute l'Allemagne ; donc cette Eglise étoit en communion avec nous. Sans sortir de l'Allemagne les curés badois, à l'insu des curés de France, demandèrent à l'université catholique de Fribourg en Briscau, une consultation en faveur du clergé assermenté, qu'elle déclare n'être ni hérétique, ni schismatique, ni intrus, mais investi d'une mission légitime. Elle ajoute que la religion commande aux évêques émigrés de ramener sous la houlette des pasteurs assermentés les fidelles qui s'en éloignent. Ce conseil qui paroît dur ne l'est point à qui ne consulte que la religion et son objet.

L'université impériale de Pavie a fait aussi d'excellens écrits pour la justification des prêtres assermentés. Plusieurs évêques d'Italie, et nombre de prêtres des plus instruits de ces contrées, ont témoigné le même intérêt et la même communication à l'égard de la célèbre Eglise d'Espagne, dont les évêques, au concile de Trente, firent preuve d'autant de savoir que de courage pour faire reconnoître au concile l'institution divine des évêques ; mais l'intérêt des prélats romains assujettis à la chancellerie, trop contrariés par les devoirs inséparables de cette institution, mit obstacle à leur demande. Cette Eglise d'Espagne a communiqué avec le concile, comme les Eglises d'Asie communiquoient entre elles, en envoyant des secours à celles qui en avoient besoin.

Le concile reçut de cette Eglise une somme de mille sept cent et tant de francs, générosité qui ne se seroit pas bornée à cette somme comme on l'annonçoit ; mais les évêques et les prêtres furent obligés de se retirer à leurs Églises, ce qui amena la clôture du concile.

Chez tout homme juste, tous ces faits sont très-concluans à notre justification ; la conviction où je suis de leur réalité fait ma conviction de la justice de notre cause. Je sais bien que je n'ai ni droit ni autorité pour obtenir votre créance. Pour nous, *quod audivimus, quod vidimus, non possumus non loqui.* Je sais aussi qu'il est parmi les hommes une justice qui, en reconnoissant les droits de l'un, impose des devoirs à l'autre. Selon cette justice, la simple dénégation d'un fait ne justifie pas le refus de le croire. En bonne justice un témoignage ne peut être rejeté que par un témoignage contraire et équivalent en preuve ; une conscience délicate, refusant de croire ce qui lui déplaît, ne peut pas se soustraire en doute ; et comme le doute ne décide rien, elle n'en reste pas moins soumise à cette règle de droit : *Unusquisque præsumitur bonus donec probetur malus.* Où trouveriez-vous des preuves pour contredire les faits allégués ? Les écrits des deux universités catholiques de Fribourg et de Pavie sont imprimés et connus en France. Si toutes les lettres des évêques catholiques et de leurs prêtres qui nous reconnoissent et s'intéressent pour nous, ne sont pas également publiées, sans vous donner la peine de faire tant de recherches, consultez votre raison et vos lumières ; elles vous diront que la communion catholique consistant dans une profession extérieure de toutes les vérités nécessaires au salut, contenues dans l'ancienne doctrine, enseignées dans l'Eglise de France comme dans les autres ; et que cette doctrine n'ayant essuyé aucune altération chez les assermentés français, non plus que dans les autres Eglises de France comme dans les autres Eglises, les assermentés français sont donc de droit et de fait dans la communion de toutes les Eglises.

Toutes les portions de l'Eglise universelle qui n'ont point changé la doctrine, nous reconnoissent et réclament comme nous l'autorité des premiers Pères qui sont le droit commun de toutes les Eglises ; et leur attachement inviolable à l'ancienne doctrine sera une protestation perpétuelle contre ceux qui, croyant faire mieux que les apôtres, ont sapé par fondement toutes leurs institutions, et ne feront de l'Eglise de

France, autrefois si célèbre, qu'une carcasse informe qui, comme la ville de Jérémie, sera la risée de toutes les nations. Dieu veuille venir à son secours, lui seul peut la reconstruire !

Vous pourriez avoir l'assentiment de quelques Romains, sauf à le rejeter s'il ne vous est pas favorable. Il est assez connu que Rome n'a été votre autorité que dans ce qui vous plaisoit.

Quelle paix, quelle réunion a porté dans la France le concordat de 1801 qui, selon les parties contractantes, ne devoit être le triomphe d'aucun parti, mais la réunion de tous ! Que de supercheries, que de tortueuses interprétations contre la décision du Pape, bien manifestée pour tranquilliser les acquéreurs des biens nationaux ! Que de propos, que de recherches, que d'efforts pour réduire à rien l'indulgence du jubilé, preuve la plus incontestable de l'abolition de toutes censures vraies ou supposées !

Ici, Monsieur, je dois vous témoigner mon étonnement. Vous qui vouliez me donner comme règle de foi le bref du 13 avril, enveloppé d'incertitudes, sans aucun caractère dogmatique, vous ne comptez pour rien ce bref d'indulgence plénière muni de l'acceptation de l'autorité temporelle, acceptation si nécessaire chez toutes les nations catholiques pour donner force aux rescrits de Rome. Vous n'ignorez pas que toutes les lois de faveur, manquassent-elles de quelque forme, leur effet en est inséparable : *Quoquo modo solvatur*. On a peut-être jamais vu qu'une autorité qui a le pouvoir de faire grâce, ayant pardonné un délit, ait ensuite poursuivi le grâcié pour le même délit. Je laisse à vous, Monsieur, à définir cette façon de penser : reconnoître et soutenir le droit d'une puissance quand elle se venge ou punit, et ne pas reconnoître le même droit quand elle pardonne. Peut-être aussi faudra-t-il faire restituer le jubilé comme chose non accordée à ceux qui ont cru avoir le bonheur d'y participer. Ici, Monsieur, votre logique est en défaut ; et les prétextes de non-liberté du Pape, les rétractions et les dédits qu'on lui prête, sont des outrages impardonnables, ce qui néanmoins paroît être la base du nouvel enseignement des séminaires. On doit juger de l'arbre par les fruits. Il est généralement reconnu dans toute la France que la nouvelle semence est trop différente de l'ancienne ; différence bien sentie dans toutes les classes des fidelles, en ville comme en campagne, même dans ce qu'on appelle le parti. Tous, il est vrai, ne sont pas à même d'apprécier ou juger sainement cette différence ; mais tous sont naturellement portés à se décider sur ce qui frappe au-dehors. Comme les Israélites fidelles qui, pendant la captivité de Babilone avoient conservé le souvenir et l'attachement à leur temple de Jérusalem, de retour en cette ville, ne purent retenir leurs larmes en voyant la différence de leur ancien temple au nouveau ; de même les fidelles sincèrement attachés à leur ancienne religion, dans laquelle ils avoient été formés, et de laquelle ils attendoient leur salut, auroient désiré voir leur ancienne religion s'annoncer avec les vertus, la décence et la charité qui les y avoient attachés, et ne voient qu'avec peine ce ton de dédain et de mépris qu'affectent ces jeunes élus des séminaires pour tout ce qui n'est pas eux. De quelque part que vienne le mal, il n'en est pas moins réel, et l'aveu trop général est que la religion n'en va pas mieux. Ce mal étoit inconnu au temps de l'enseignement ancien, dont le seul objet étoit de former des ministres pour Jésus-Christ ; temps où la chose enseignée étoit la vraie doctrine de l'Eglise, qui, étrangère à tout esprit de parti et de haine, n'enseignoit que justice et charité. Aujourd'hui, ces hommes nouveaux, émerveillés d'une petite fortune et d'une science si subitement venues, croiroient s'abaisser s'ils cherchoient à mériter la confiance des peuples, sans laquelle leur ministère ne peut être qu'un ministère de douleur et de damnation, tant pour eux que pour les peuples ; toujours poussés par le feu qui leur a été soufflé, ils ne tiennent compte des règlemens du premier supérieur. Depuis quelques années, notre évêque supérieur des nouveaux comme des anciens, a fait un règlement pour ôter toute occasion de dissension et de scandale. C'est ainsi que s'explique la sagesse du prélat, qui veut que tout curé ou desservant, au temps de la Pâque, qui accordera à ses ouailles la liberté de s'adresser à d'autres confesseurs, ne désigne ni directement ni indirectement les confesseurs auxquels ils devront s'adresser, mais simplement à des prêtres approuvés. Malgré la sagesse de ce règlement et l'autorité qui l'a fait, on entend toujours crier dans les chaires : Ceux qui voudront se confesser s'adresseront à telle, telle ou telle Eglise, et non à d'autres. De là résulte le refus de la communion à la sainte table. Cette distinction de prêtres à prêtres exerçant sous la même autorité, est encore plus injurieuse à l'autorité qui les a établis, qu'aux prêtres qu'ils veulent insulter.

Saints et heureux fruits de cet enseignement si unanime, que s'il n'est corrigé par un peu plus de religion et d'honnêteté, ne produira qu'une trop unanime déconsidération du sacerdoce.

Une religion sainte et divine comme la nôtre ne peut qu'être blessée, tant qu'on l'implique dans des prétentions humaines dont son auteur, Jésus-Christ, n'a point voulu se mêler tant qu'il a été sur la terre pour nous diriger par ses exemples. Détourner la religion de son principal objet, c'est la détruire.

Pour conserver une religion aussi ancienne et aussi connue, il n'étoit pas nécessaire d'imaginer un nouveau mode d'enseignement; elle avoit été enseignée depuis tant de siècles sans erreurs et sans mélange. Nos anciens maîtres valoient bien les novateurs au temps de trouble. Tout changement en religion devient suspect et dangereux, et ébranle la foi qui en est la base.

Vous devez juger, et je le répète, vous devez juger que je tiens comme j'ai toujours tenu à la foi ancienne et aux anciens principes qui en sont inséparables. J'aurois désiré savoir rédiger en moins de lignes cet écrit trop long pour le lecteur, mais non pour le sujet, et qui n'a été entrepris que pour justifier ma catholicité injustement suspectée par des causes dont la source n'étoit que dans le cœur et non dans le raisonnement ni dans la religion, quoiqu'on ait ôsé la couvrir de ce nom sacré. Je pourrois vous défier de citer des autorités en droit qui puissent détruire ni même affoiblir celles sur lesquelles ma cause est étayée. Quant aux faits, la justice vous défend de me condamner tant que vous n'aurez pas acquis des preuves claires et certaines qui puissent contredire les faits que j'ai allégués, autre défi que je vous fais.

Le clergé, dépouillé par force des biens que Jésus-Christ ne lui avoit pas promis, et s'étant dépouillé lui-même de ceux dont Jésus-Christ l'avoit honoré, pouvoit encore crier à la dureté, mais non à l'impiété ni à l'injustice; il ne pouvoit pas ignorer qu'il ne passeroit que par une concession

libre et volontaire de la puissance temporelle qui pouvoit
la retirer selon les besoins de l'état. On peut juger ici que
ceux qui ont dirigé le clergé de France dans cette crise
fâcheuse, n'étoient ni Français ni amis des Français. L'injustice la plus frappante, et qui a paru se porter à Dieu,
c'est d'avoir privé les fidelles d'un bien qui n'étoit institué
que pour eux. Les sacremens ne sont pas la propriété des
ministres de Jésus-Christ ; ces ministres n'en sont que les
dépositaires chargés de les dispenser selon les règles qui
leur sont prescrites. Les desseins de Dieu, impénétrables
dans les bienfaits comme dans les châtimens, ne pourroient-
ils pas être regardés comme la source de tant de maux ?

Par qui a commencé l'impiété ? Est-ce la Convention qui
a fait publier en France que les messes et les sacremens
des prêtres assermentés ne valoient rien ? Pouvoit-on appliquer des expressions aussi basses à des choses aussi saintes ? cependant c'étoit le mot. Est-ce la Convention qui
avoit envoyé ces légions de capucins pour faire soulever les
ouailles contre leurs propres pasteurs, et obliger les femmes
de faire le serment de n'aller plus à la messe de leur curé,
et pour mieux leur imprimer la force de leur serment,
leur faisoient lever la main comme on l'exige en justice ?
Quel supérieur a pu permettre et autoriser pareille impiété ?
Il y avoit à cette époque plus de 40 ans que, par le ministère de l'Eglise, j'avois été investi des pouvoirs de Jésus-
Christ pour exercer son ministère. Qui a pu me dépouiller
de ce pouvoir divin ? Le Pape, direz-vous ; mais la religion
m'a appris que le Pape par sa primauté est obligé de main-
tenir les canons ou lois ecclésiastiques , mais qu'il n'a pas
le pouvoir de les détruire. De pareilles peines ne peuvent
être infligées que par un jugement régulier ; et où sont les
citations, les interpellations pour instruire le jugement ? et
où est le jugement ? Vous avez appris comme moi que la
foi catholique nous commande de croire que celui qui a
reçu le sacrement de l'ordre, a le pouvoir d'offrir le vrai
sacrifice du corps et du sang de Jésus-Christ ; aviez-vous
la même preuve, la même certitude, la même foi, que ce
prêtre avoit perdu son caractère ineffaçable ? Comme la
dédite est une nouvelle mode dont on en honore même le
Pape, la foi catholique s'étoit-elle dédite, ou Dieu vous
l'avoit-il fait connoître par une nouvelle révélation ? Vous
savez que toute erreur ou toute assertion contre la foi catholique, soutenue avec opiniâtreté, est condamnée comme
hérésie. Jugez-vous vous-même.

Mais c'étoit un supérieur qu'il falloit suivre, soit. Mais la foi n'a point de supérieur ; cette fille de Dieu est au-dessus de toutes les autorités vivantes.

Dans cette longue défense, j'ai la satisfaction de n'avoir cité que le vrai. Ma sensibilité a pu faire ressortir quelques mouvemens d'impatience, quoique cela ait été fait sans aigreur et sans contention, comme la matière et le sujet le méritent. Je puis bien vous protester que, malgré les haines qui m'entourent et le dernier sort qu'elles m'ont réservé, je demande journellement à Dieu la force de pardonner, et l'amour de la paix et union. Ce sont les sentimens que je vous prie d'agréer, en y joignant la respectueuse considération avec laquelle j'ai l'honneur d'être,

Monsieur et très-vénérable Confrère,

Votre très-humble et très-obéissant serviteur,

PERONCEL.

P. S. Quoique je vous mande ceci sous le cachet, ce n'est pas néanmoins sous un secret bien strict. J'ai dû me justifier devant vous ; mais je dois principalement justifier mon ministère auprès de ceux qui y ont adhéré depuis si long-temps.

Encore une réflexion que je réduis à peu de mots. Cette unanimité d'enseignement des séminaires que vous citez avec tant de complaisance, ne présente qu'une convention entre les enseignans pour mieux établir leurs paradoxes. Quand on ne veut enseigner que la vérité, il n'est pas besoin de convention, la vérité fait impression sur l'esprit. Quand nos anciens maîtres nous enseignoient la vraie doctrine de l'Eglise, ils ne recouroient point à une pareille mesure, qui ne peut que faire suspecter la doctrine qui en a besoin.

Pour attaquer notre religion, ses ennemis n'attribuoient qu'à des conventions humaines l'établissement du christianisme.

Ou les saints évêques qui ont soutenu pendant tant de siècles les libertés de l'Eglise gallicane étoient des imposteurs, ou ceux qui veulent les détruire sont des injustes. Il en est de même des quatre articles de l'ancien clergé de France, essentiellement fondés sur l'Ecriture-Sainte, sur la tradition de l'Eglise et sur le droit naturel ; doctrine soutenue et proclamée comme juste et chrétienne par les Eglises d'Allemagne, d'Italie, d'Espagne, et seulement proscrite par le clergé de France et les Francais, sans autre cause apparente que le regret des pertes qu'on ne peut éviter : *Auri sacra fames.......*

L'ombre de Claude Peroncel, curé de Primarette, à ses chers Paroissiens.

De l'empire des morts où je me croyois à l'abri de la persécution des vivans, j'ai entendu certains hommes se glorifier de la victoire par l'approbation supposée que j'aurois donnée à leur opinion ultramontaine. Attaché par une conviction intime à des idées saines sur la religion et sur la discipline de l'Eglise, j'ai toujours repoussé toute tendance à l'ultramontanisme et toute doctrine subversive de nos libertés. Les plus grandes lumières de l'Eglise ont été en cela mes guides.

Cependant voilà que ces hommes se disant maîtres dans Israël, viennent publier parmi les fidelles qui ont été confiés à mes soins et ailleurs, que je les ai trompés, que j'étois parmi eux un schismatique, non catholique, et cela de mon aveu, d'après ma signature apposée à une rétractation.

Comment qualifier cet acte de leur part, sinon la fourberie la plus insigne et la plus impudente digne de leur auteur ?

Non, ma conscience se révolte toujours à la simple proposition d'une rétractation; et si c'eût été ma pensée, je l'aurois écrit moi-même, et l'aurois souscrit pour laisser une preuve authentique de mon changement d'opinion.

Ainsi n'ajoutez aucune foi à un écrit dont mes adversaires seuls sont dépositaires, et tout entier de leur fabrique jusqu'à la signature inclusivement.

J'ai connu assez mes devoirs pour penser qu'une rétractation devoit être aussi publique que les erreurs, que ce n'est pas en quittant le monde que l'on peut l'édifier, et que la vérité doit partir de la même bouche d'où sont sortis les erreurs et le mensonge.

O vous, mes chers paroissiens ! que j'ai instruits de la foi et de la morale chrétienne, si la même charité nous unit encore comme pendant mon ministère, au milieu de vous, qui a duré 57 ans, tenez-vous en garde contre ces docteurs nouveaux qui mettent leur gloire à condamner tout ce qu'on fait d'anciens ministres de Jésus-Christ, perfectionnez le courage de votre dernier pasteur qui a emporté dans la tombe les mêmes sentimens qu'il vous a toujours manifestés de vive voix et par écrit, et ne l'oubliez pas dans vos prières; je me retire dans cet espoir.

J.-B. GIROUD.

LYON, IMPRIMERIE DE COQUE, rue de l'Archevêché, n. 5.